LA VÉRITÉ

SUR LES

CASERNES DE GENDARMERIE

DE BELVÈS

PÉRIGUEUX

IMPRIMERIE DELAGE ET JOUCLA, RUE DE BORDEAUX.

1884

LA VÉRITÉ

SUR LES

CASERNES DE GENDARMERIE

DE BELVÈS

Le bail de la caserne fut renouvelé en 1859, moyennant un prix de 850 francs, c'est-à-dire avec une augmentation de 50 francs, mais avec des réparations considérables, entre autres l'établissement d'une citerne.

Le bail fut renouvelé en 1869, pendant dix ans, pour le même prix, et avec de nouvelles réparations ; il expirait le 31 décembre 1879 : et comme toujours, cette question de renouvellement de bail entraîna la demande de réparations considérables.

Dans sa séance du 27 février 1879, le Conseil municipal désigna une commission pour examiner les réparations demandées.

Dans sa séance du 29 mai 1879, M. Boucherie étant alors

maire, le conseil décide qu'il sera fait pour trois mille francs de réparations, mais que le prix du loyer, bien insuffisant dans les temps passés, doit être augmenté et arriver vers 1,800 francs. Tout pouvoir est donné à M. le maire pour traiter cette affaire.

Le maire fait des démarches dans ce sens et finit par se mettre d'accord avec l'architecte du département, moyennant 1,600 francs, mais la commission départementale n'accepte pas ce chiffre ; elle offre seulement 1,200 francs, et cherche même à transférer la caserne à Siorac.

Dans sa séance du 26 décembre 1880, le Conseil municipal décide qu'il faut persister dans la demande de 1,600 fr. de loyer, et qu'en cas de refus, il faut faire donner une sommation à qui de droit pour vider les lieux, les bâtiments ayant ensuite telle autre destination que le conseil déterminera.

Le Conseil général n'accepte pas ce prix et décide en principe l'acquisition ou la construction des casernes à mesure que les baux s'éteindront ; bientôt la construction de la caserne de Belvès et d'autres casernes est votée par le conseil général.

Après cela, le conseil municipal a affecté les bâtiments de la caserne à une école de filles et à une salle d'asile, par ses délibérations des 15 février et 24 septembre 1882.

M. le Préfet a employé plusieurs personnes pour faire le choix d'un emplacement des nouvelles casernes : l'architecte, le commandant de gendarmerie, l'agent-voyer de Belvès, etc. ; l'enclos Bonis fut demandé, mais refusé ; enfin on convint de prendre cet emplacement un peu plus haut, dans un terrain de M. Boucherie aîné, frère du maire. Le prix d'acquisition fut réglé par un sous-seing privé, converti bientôt en acte administratif.

Ensuite, pour remplir une formalité relative à l'enregistrement, une enquête fut ouverte et donna lieu à une pétition, qui demandait l'enclos Bonis pour cet emplacement.

D'abord, il ne fut pas tenu compte de cette pétition, et la construction de la caserne fut donnée à l'adjudication.

Tout à coup, la commission départementale revient sur sa décision au sujet de la caserne de Belvès, sous le prétexte de manœuvres coupables, et fait nommer une commission composée de MM. de Bosredon, de Laulanié et Lafarge pour étudier cette question sur les lieux. Cette enquête, qui semblait faite pour confondre le maire, produisit la confusion de ses accusateurs.

Néanmoins, les ennemis du maire ne s'arrêtèrent pas là ; pour essayer encore de le perdre dans l'esprit de ses administrés, ils demandèrent le renouvellement du bail de la caserne, moyennant 1,600 fr. pour une durée de 25 à 30 ans, avec l'assurance que, par leur appui, le bail serait accordé. Sur ce, le Conseil municipal, dans sa séance du 21 juin 1883, a délibéré dans ce sens tout en maintenant, jusqu'à nouvel ordre, l'affectation desdits bâtiments à une école de filles et à une salle d'asile.

Cette délibération a eu le sort qui était prévu :

Dans sa séance du 1er décembre 1883, la commission départementale l'a rejetée en faisant connaître les motifs de sa décision.

A cause de cette délibération municipale, lesdits ennemis n'ont pas pu dire que le Maire n'a pas voulu le renouvellement du bail. Mais depuis le rejet de la délibération, ils se sont cru autorisés à répandre ce bruit, en insinuant que le Maire aurait pu obtenir l'approbation, s'il l'avait voulu, lui donnant ainsi une influence exagérée et pour ainsi dire un pouvoir supérieur à l'administration départementale. Et pourtant, voilà ce qui a provoqué la démission de huit conseillers municipaux.

Tous les faits qui précèdent sont l'expression de la vérité ; ils sont justifiés par les extraits qui suivent, soit des délibérations municipales, soit des délibérations de la commission départementale et du Conseil général ;

Ils doivent être le sujet de quelques réflexions qui en découlent naturellement.

Ces faits, sous l'apparence d'intérêts communaux, n'ont visé que la politique.

Quand le Maire de Belvès poursuivait activement le renouvellement du bail de la caserne sous de meilleures conditions, les personnes qui auraient pu l'aider auprès de la Commission départementale, ont gardé au moins le silence si elles n'ont pas agi dans un sens contraire :

Il ne fallait pas alors grandir un Maire qui avait favorisé l'élection d'un député républicain au détriment d'un député bonapartiste,

Voilà l'intérêt communal sacrifié à l'intérêt politique.

Et plus tard, quand plusieurs décisions municipales et départementales sont prises au sujet des casernes, qu'il est à peu près impossible de les annuler, à cause des frais exposés et des indemnités à payer, ces mêmes personnes remettent le bail en question, offrant leur puissant concours à cet égard, et après l'avoir refusé quand les circonstances étaient favorables.

C'est qu'aujourd'hui, ils ont besoin de faire croire que le maire administre mal, que le maire n'a pas voulu relouer les casernes, que le maire prive la commune d'un revenu qui était si utile, etc., etc., etc.

Et voilà encore l'intérêt politique plutôt que l'intérêt communal.

Mais cette passion politique va plus loin encore ; Elle jette dans l'esprit de la population que le Maire entreprend et exécute beaucoup, mais en augmentant toujours les impôts ; et cette idée, rapidement propagée, leur semble de nature à effrayer les propriétaires, qui, ainsi abusés, ont peur d'une telle administration.

Or, pour quiconque veut un peu examiner la situation, ou ne s'en rapporter qu'à des personnes bien renseignées et dignes de foi, ces bruits mensongers disparaissent d'abord.

Voici la situation, sous le rapport des impôts extraordinaires. Il est inutile de parler des autres impôts, que l'administration municipale ne peut faire varier.

Depuis 5 ans et pour 30 ans, la commune est grevée d'un impôt extraordinaire de 3 centimes pour payer l'emprunt fait pour les chemins vicinaux. Ces centimes sont pris sur les ressources affectées aux chemins vicinaux, et les autres ressources de la commune n'en souffrent pas.

Depuis 5 ans et pour 30 ans elle est grevée d'un impôt extraordinaire de dix centimes pour payer l'emprunt fait pour la construction de la maison d'école des garçons.

Depuis 9 ans et pour 10 ans, la commune est grevée

d'un impôt extraordinaire de dix centimes pour payer l'emprunt fait pour l'élargissement des rues Portal et la Brêche.

Cet impôt finit le 31 décembre 1884.

En 1885, les impôts extraordinaires seraient donc diminués de dix centimes, si un autre impôt n'avait pas été créé ; mais, dans sa séance du 22 novembre 1882, le Conseil municipal a voté un impôt extraordinaire de quatre centimes, pour 30 ans à partir du 1er janvier 1885, pour payer l'emprunt de vingt mille francs employé à l'appropriation de l'Ecole primaire supérieure ; les autres centimes pour payer l'emprunt sont pris sur des ressources affectées à l'enseignement primaire.

A partir du 1er janvier 1885, il y aura donc une diminution d'impôt extraordinaire de dix centimes,

Voilà la véritable situation ;

Et dire, après cela, que le Maire augmente toujours les impôts, est mensonge et calomnie.

La vérité, c'est que le Maire n'a pas augmenté les impôts et que d'ailleurs, telle n'est sa volonté, ni tel n'est son pouvoir.

Et de plus, si on mettait en parallèle l'administration de 5 ans du Maire actuel avec celle bien plus longue des maires précédents, la manière d'agir dans l'intérêt communal ressortirait en sa faveur au point de ne pas y croire.

Ce parallèle entraînerait trop de détails, mais pour ne citer qu'un grand fait :

En 1861, une enquête se fit, à Sarlat, au sujet de l'emplacement de la gare de Belvès et d'autres stations ; les administrateurs d'alors, les uns pour une cause, les autres pour une autre, laissèrent Belvès non représenté à l'enquête. Et les suites..... elles sont trop connues !!!!

Dans une telle circonstance, rien n'aurait pu retenir le Maire actuel.

Après cet exposé, et toutes autres explications qui seront fournies si elles sont demandées, le Maire de Belvès doit dire à ses électeurs :

Si vous trouvez un homme plus actif, plus zélé, plus généreux, mieux intentionné et mieux en état de servir vos intérêts et la cause de la République, votez pour lui ;

Et, dans le cas contraire, ne vous laissez pas détourner de la bonne voie par le souffle de la médisance et de la calomnie.

EXTRAITS DE DIVERSES DÉLIBÉRATIONS

Délibération municipale du 27 février 1879

(N° 516. — Caserne. Commission des travaux publics.)

M. le Maire expose que le Conseil doit délibérer sur une demande de réparations considérables faite au sujet d'un nouveau bail à ferme des casernes de gendarmerie, le bail expirant à la fin de cette année.

Avant de se prononcer, le Conseil soumet cette affaire à l'examen de la Commission des travaux publics qui se fera aider par l'architecte, qui doit visiter les lieux, pour les emplacements des écoles.

Délibération municipale du 29 Mai 1879

(N° 533. — Réparation à la Caserne 3,000 fr.)

Une commission de trois membres avait été chargée, dans la séance du 27 février dernier, d'examiner la demande de M. le commandant de gendarmerie, ayant trait à des réparations à faire dans la caserne ; cette commission n'ayant pas fait de rapport, M. le Maire, sur la demande de cet officier, a dû faire examiner par un homme compétent la nature des réparations à faire. Il résulte du rapport dressé à cet effet, par M. Queille, entrepreneur des travaux, que les réparations demandées s'élèvent à la somme de trois mille francs environ.

Quant à l'exhaussement du plafond de l'écurie, il a été reconnu que ce travail amènerait des dépenses trop considérables, qu'on peut obtenir du reste facilement une aération convenable de l'écurie au moyen de la construction de deux cheminées d'appel ;

Le Conseil donne son approbation au devis de M. Queille, décide la construction de deux cheminées d'appel, et fixe à trois mille francs le montant des réparations à exécuter dans la caserne, lesquels seront inscrits aux chapitres additionnels de 1879.

Quant à la fixation du prix du loyer de la caserne, le Conseil décide que le prix de 850 fr., qui avait été payé jusqu'ici par le département, est devenu dérisoire par suite de l'élévation continuelle des loyers dans la ville ; il est, du reste, à la connaissance du Conseil, que les loyers des casernes de gendarmerie à pied sont actuellement bien plus considérables, qu'ils atteignent presque le double de celui de la caserne de Belvès malgré l'étendue des bâtiments de celle-ci ; aussi estime-t-il à 1,800 francs le loyer annuel qui devrait être demandé à l'administration départementale ; il donne à M. le Maire plein pouvoir pour traiter cette affaire aux meilleures conditions possibles.

Délibération municipale du 26 décembre 1880.

(N° 605. Bail de la caserne.)

M. le Maire expose au Conseil que la question du loyer de la caserne de gendarmerie est encore en litige ; l'ancien bail est expiré depuis le 31 décembre 1879, et, malgré ses réclamations réitérées, il n'a pu obtenir la signature d'un nouveau bail, de sorte que les 3,000 fr. que le Conseil avait votés pour les réparations demandées sont en caisse et inutilement disponibles depuis deux ans.

La Commission départementale n'a pas voulu accepter un bail sur les bases qui avaient été proposées en son nom, par son architecte, M. Dubet, dont les propositions sont jointes au dossier, et qui ne furent faites qu'après qu'on eût essayé vainement de trouver un autre logement convenable, soit en ville, à Fongauffier, et même à Siorac où on a offert 1,500 fr.

Ces bases étaient un bail pour 12 ans au prix de 1,600 fr. en faisant les réparations primitivement demandées et 1,700 fr. dans le cas où les dernières réparations entamées et où figure l'exhaussement du plafond de l'écurie seraient exigées ;

Le maire a voulu traiter à 1,600 fr. malgré que le Conseil ait déjà proposé le prix de 1,800 fr. mais la Commission n'a pas voulu y consentir.

On offrit ensuite un bail pour l'année 1880, c'est-à-dire jusqu'à fin décembre courant, au prix de 1,200 fr. sans réparations, et le maire promit de l'accepter, mais avec cette condition, qu'il y aurait un renouvellement de l'ancien bail au prix offert par M. Dubet;

Un peu plus tard, on demandait si la commune voudrait vendre la caserne; mais depuis, et malgré plusieurs réclamations et plusieurs démarches inutiles, on persiste à ne pas vouloir consentir un nouveau bail, et on offre 1,200 francs pour une autre année sans réparations.

Le Maire pense que ce chiffre est insuffisant si on le compare au prix des casernes voisines de Daglan, Labachellerie, etc., etc., qui ont des brigades à pied, et eu égard à l'augmentation des loyers à Belvès, à la grandeur et à la valeur réelle de l'immeuble, qui réunit, surtout si les réparations demandées sont faites, toutes les conditions d'une habitation convenable, avec un grand jardin des plus agréables et des mieux situés de la ville.

Il y a donc lieu de sortir de cette situation et de décider;

1° S'il y a lieu de vendre l'immeuble ;

2° S'il faut proposer un nouveau bail ;

3° Et s'il faut donner une autre destination à l'immeuble dans le cas où on ne pourrait obtenir un nouveau bail.

Une discussion s'engage à ce sujet, et à l'unanimité des membres présents le conseil est d'avis :

1° Qu'il n'y a pas possibilité de vendre l'immeuble comprenant, outre la caserne, des bâtiments indispensables à la commune ;

2° Qu'il y a lieu de demander encore un nouveau bail

sur les bases offertes par M. Dubet, architecte du département, au nom de la commission départementale ;

3° Qu'une sommation soit donnée à qui de droit pour faire vider les lieux si ce bail ne peut être obtenu, les bâtiments ayant ensuite telle autre destination que le conseil déterminera.

Tous pouvoirs sont donnés à M. le Maire, pour traiter cette affaire dans l'un des sens sus-indiqués.

Délibération du 15 février 1882.

(N° 654. — Ecoles et réparations diverses).

M. le Maire propose au Conseil l'exécution prochaine de plusieurs projets d'une grande importance et reconnus d'une véritable utilité dans diverses délibérations précédentes, savoir :

1° Etablissement d'une école primaire supérieure de garçons ;

2° Etablissement d'une école communale laïque de filles ;

3° Etablissement d'une école maternelle ou salle d'asile ;

4° Enlèvement du porche Fomastel ;

5° Elargissement de la rue Fomastel (maison Laval) ;

6° Ouverture d'un chemin à la Gare partant de Belvès ;

7° Réparation de la Justice de Paix et de la Mairie.

Les moyens d'exécution sont démontrés dans un long rapport de M. le Maire, et le Conseil approuve le tout en principe ; mais, pour arriver plus rapidement à la fondation desdites écoles, ce qui est encore le plus urgent, le

Conseil décide qu'on s'occupera d'abord et principalement de cette question.

Pour l'Ecole primaire supérieure, M. le Maire offre à la ville, au prix d'achat, les bâtiments et dépendances de l'ancienne Institution Sainte-Marie ou Collége de Belvès, acquis par lui de l'évêque de Périgueux moyennant le prix de 35,000 francs (prix bien inférieur à la valeur des immeubles) et pour une maison de ce genre, convenable sous tous les rapports, peut-être au-delà de tout ce qu'on pourrait trouver ailleurs.

Pour l'école des filles et la salle d'asile, on affectera les bâtiments de la gendarmerie, appartenant à la commune, qui seront bientôt vacants et qui pourront être très avantageusement appropriés à cette effet ;

Quant aux dépenses...........

Le Conseil approuve ces combinaisons si les subventions mentionnées sont accordées, et invite M. le Maire à faire le nécessaire pour atteindre le but.

Délibération municipale du 24 septembre 1882

(N° — 680. Ecole de filles et école maternelle.)

Sur la proposition de M. le Maire, le Conseil,

Considérant que la commune de Belvès n'a pas de maison d'école pour les filles ;

Que l'utilité de cette maison d'école a été reconnue depuis longtemps, et que si déjà elle n'a pas été créée, c'est que, ainsi que plusieurs délibérations antérieures en font foi, les ressources financières de la commune ne l'ont pas permis ;

Considérant aussi que la commune de Belvès n'a pas d'école maternelle, et qu'une école de ce genre est devenue indispensable à cause du nombre des petits enfants qui encombrent nos autres écoles, et nuisent énormément à l'instruction des grands élèves ;

Considérant que bientôt notre caserne de gendarmerie deviendra libre, puisque le département doit en faire construire une autre ;

Que les bâtiments de la caserne sont plus que suffisants pour y établir notre école de filles et notre école maternelle ;

Considérant en outre que la commune de Belvès, en affectant à ces écoles des immeubles dont le revenu annuel est de 1,600 francs, fait un sacrifice considérable qui lui donne droit à la bienveillance de l'Etat, et à une subvention en rapport avec ce sacrifice ;

Que ce sacrifice doit être évalué à trente mille francs, et qu'il est bien suffisant, eu égard surtout à la situation financière de la commune, pour que l'Etat lui accorde la subvention nécessaire afin de payer les réparations qu'il faudra faire, et pour meubler convenablement ces écoles ;

Décide :

Les bâtiments et le jardin affectés à la caserne de gendarmerie seront consacrés à l'établissement d'une école laïque de filles et d'une école maternelle ;

Il sera demandé à l'Etat une subvention suffisante pour l'aménagement et l'appropriation de ces écoles ;

M. le Maire reste chargé de faire dresser des plans et devis par un architecte et de faire des démarches auprès de l'administration, pour arriver le plus promptement possible à la création de l'école de filles et de l'école maternelle ;

Ainsi délibéré et ont signé les membres présents.

Délibération municipale du 14 juin 1883

(N° 720. — Protestation de M. Combes. Les Casernes.)

M. le Maire dit ensuite, qu'il n'a rien plus à proposer mais que chaque membre a la faculté de saisir le Conseil de toute question intéressant la Commune.

D'abord, M. Combes demande la parole.

Comme signataire d'une première pétition relative à l'emplacement de la Caserne, il proteste contre les conclusions qu'en a tiré la commission départementale, dans un rapport fait par M. Chastenet, et il en donne plusieurs raisons qui ne sont pas contestées.

(N° 721. — Casernes : Proposition de M. Ventelou.)

Et à propos des Casernes, M. Ventelou demande aussi la parole, et propose de demander un nouveau bail de la Caserne, moyennant le prix annuel de 1,600 fr. et pour une longue durée, en expliquant l'emploi à faire du montant du loyer et les avantages que la commune en retirerait ;

Alors, M. le Maire rappelle plusieurs délibérations du Conseil municipal et du Conseil général, desquelles il résulte qu'il y a tant d'engagements pris de part et d'autre, que cette question n'a plus de raison d'être.

Cependant, à ce sujet, il s'engage une longue discussion après laquelle il est convenu, qu'une commission de trois membres, composée de MM. Ventelou, Barrière et Dejean, étudiera la proposition de M. Ventelou, et fera son rapport sur lequel le Conseil statuera dans sa prochaine séance fixée à jeudi prochain. à deux heures après-midi.

Délibération municipale du 21 juin 1885.

(N° 726. — Bail de la Caserne.)

M. le Maire invite la Commission chargée d'étudier la proposition de M. Ventelou, relative à un nouveau bail de la caserne, à faire connaître le résultat de son examen ; et alors M. Ventelou, rapporteur, propose de lire un assez long mémoire à cet égard, mais l'assemblée demande seulement les conclusions, qui sont ainsi conçues et déposées sur le bureau :

« Les membres de la commission sont tombés d'accord sur les termes d'une proposition ainsi conçue :

« En présence de changements qui se seraient opérés
» dans les dispositions de l'administration départementale,
» relativement au bail des bâtiments de la caserne, des-
» quelles il semblerait résulter que le prix du loyer actuel,
» soit 1,600 francs par an, nous serait offert pour une lon-
» gue période, de 25 à 30 ans, le conseil, tout en main-
» tenant, jusqu'à nouvel ordre, ses résolutions prises an-

» térieurement concernant une nouvelle affectation à don
» ner aux bâtiments en question, décide que M. le Maire
» ouvrira de nouveaux pourparlers à ce sujet sur les bases
» précitées. »

M. le maire expose que le vœu exprimé par la commission est précisément celui qu'il a vainement poursuivi, autrefois, qu'il votera avec la commission, et qu'il demande même l'autorisation de traiter sur les bases indiquées ; et le Conseil, à l'unanimité, adopte les conclusions de la Commission, et donne à M. le Maire l'autorisation demandée.

SÉANCE DU CONSEIL MUNICIPAL DU 6 JANVIER 1884.

M. le Maire donne connaissance de la lettre suivante de M. le Sous-Préfet de Sarlat :

« Sarlat, 10 décembre 1883.

» Monsieur le Maire,

» J'ai le regret de vous adresser copie de la décision par laquelle la Commission départementale a statué sur la question relative au casernement de la brigade de gendarmerie de Belvès.

» J'ai l'honneur de vous faire connaître que la commission départementale n'a pu accéder au vœu que vous lui avez transmis au nom du Conseil municipal de Belvès, demandant le renouvellement du bail de la caserne ; elle a décidé qu'il y avait lieu de construire une caserne neuve. »

COPIE DE LADITE DÉCISION.

La Commission départementale, réunie en séance ordinaire, où étaient présents MM. Achille Simon, président, Marmier, secrétaire, Combescot, Wallon, Lamothe-Pradelle et Fonbelle.

Vu la délibération en date du 31 août dernier, par laquelle le Conseil général a donné à la Commission départementale les pouvoirs nécessaires pour régler la question relative au casernement de la brigade de gendarmerie de Belvès ;

Après avoir entendu le rapport présenté par M. Simon au nom de la Commission spéciale déléguée à Belvès, par sa décision du dix octobre dernier ;

Considérant que le local servant actuellement de casernement ne satisfait pas aux exigences actuelles du service de gendarmerie, et qu'il se prête mal, en particulier, à la surveillance du chef de la brigade sur ses hommes ;

Considérant d'ailleurs que ce bâtiment se trouve dans un grand état de délabrement, et que, d'après le rapport de M. l'architecte départemental, les réparations à effectuer pour le mettre en état excéderaient de beaucoup la somme de 4,000 francs, que le conseil municipal de Belvès offre de dépenser pour la réparation de l'immeuble ;

Considérant que l'on ne saurait renouveler le bail de l'ancienne caserne sans accorder une indemnité à l'entrepreneur qui a antérieurement soumissionné la construction de la caserne neuve ;

Considérant que l'emplacement Boucherie convient parfaitement à l'établissement de la nouvelle caserne ;

Considérant qu'un traité est intervenu entre le département et le sieur Boucherie, et que le département se trouve par suite engagé ;

La Commission, tout en ayant le regret de ne pouvoir prendre en considération la proposition du Conseil municipal de Belvès,

Décide qu'il y a lieu de construire une caserne neuve, d'après les plans approuvés conformément à l'avis de la Commission départementale du 12 octobre 1882, sur l'emplacement acheté au sieur Boucherie.

Périgueux, le 1er décembre 1883.

SÉANCE DU CONSEIL GÉNÉRAL DU 6 AVRIL 1880.

Rapport de la commission départementale.

M. Chastenet, rapporteur.

CASERNE DE BELVÈS.

Dans notre séance du 17 décembre dernier, M. le Préfet soumit à notre décision le bail de la caserne de gendarmerie de Belvès, qui touchait à son terme et qu'il était urgent de renouveler.

Ce bail présentait cette singularité : le département locataire, et la commune de Belvès propriétaire et propriétaire avec des prétentions que nul encore n'avait osé afficher.

De la somme de 850 francs, montant du loyer primitif, elle élevait ses exigences à celle de 1,800 francs.

Et cependant c'est la commune de Belvès qui est la première à profiter des avantages que procure un pareil casernement.

Dès votre session du mois d'août 1878, frappés à juste raison des prétentions toujours croissantes des propriétaires de casernes de gendarmerie, vous aviez appelé l'attention de M. le Préfet sur cette situation et l'aviez invité à s'entendre avec M. le Commandant pour y porter remède.

A la session d'avril dernier, le rapport de M. le Préfet et celui de notre collègue, M. Theulier, renvoyaient de nouveau à la session du mois d'août la solution à donner, le remède à apporter.

Mais, au mois d'août le rapport de M. le Préfet, comme celui de notre collègue, M. de Meyjounissas, restait absolument négatif et n'avait d'autre solution que celle-ci :

Renvoyer à la commission départementale la passation de tous les baux et lui confier l'instruction de cette affaire si menaçante pour nos finances départementales.

Cela se conçoit : nos préfets passent et nos finances restent.

Et elles restent toujours gravement compromises.

C'est dans cette situation que votre Commission départementale, qui, comme vous, Messieurs, n'est qu'un pouvoir délibérant et non un pouvoir d'exécution, et qui, cependant, tenait à honneur de répondre à la confiance qui lui était témoignée, *a invité M. le Préfet à s'occuper sérieusement de trouver au chef-lieu de la commune de Siorac un bâtiment pour y transférer la brigade de Belvès.*

Si la municipalité de ce dernier chef-lieu croit n'avoir aucun intérêt à conserver ce casernement, et si, par ses prétentions exagérées, elle a voulu en provoquer l'éloignement, elle recevra par là une entière satisfaction.

Nous avons donc décidé que le renouvellement du bail avec cette commune ne porterait que sur une annuité jusqu'au 31 décembre de l'année 1880, moyennant le prix de 1,200 francs.

Nous avons insisté encore pour qu'à l'avenir, suivant vos prescriptions plusieurs fois réitérées, M. le Préfet voulût bien veiller à ce que les baux fussent toujours renouvelés deux ou trois années au moins avant leur expiration.

Le chiffre énorme des loyers que paie notre département (il s'élève à la somme de 70,000 francs), donne crédit à l'opinion de très bons esprits, et notamment à celle de M. le Préfet, qui en a pris l'initiative auprès de la Commission départementale, qui pensent que *l'on pourrait*, à l'aide d'emprunts que le chiffre même de ces loyers serait plus que suffisant à rembourser capital et intérêts en 20 on 30 annuités, *construire dans le département ou acquérir telle ou telle caserne qui paraîtrait utile ou nécessaire ;* et, *sur l'adhésion de la Commission départementale à cette combinaison, il a été convenu que M. le Préfet allait faire procéder à une étude d'un système de construction de casernes répondant à cette combinaison financière.*

Mais encore à cet égard que peut faire et que fera M. le Préfet d'ici au mois d'août ?

Il a cru devoir révoquer, dès le mois de novembre dernier, l'architecte du département, ainsi du moins qu'à

Périgueux l'ont annoncé avec éclat les feuilles quasi-officielles de l'Etat.

Il est vrai que, pour ne pas aller jusqu'au bout, M. le Préfet a bien voulu, suivant son arrêté du 26 mars, admettre cet honorable fonctionnaire à faire valoir ses droits à la retraite par suite de suppression d'emploi, et dans son rapport, il vous propose de liquider sa retraite à la somme de 961 francs, avec jouissance à partir du 1er avril courant.

Il n'en reste pas moins que notre département a été et est aujourd'hui sans architecte, et qu'à votre session du mois d'août, s'il vous plaît de rayer le crédit destiné à payer cet emploi, il sera vrai de dire que cet emploi est vraiment supprimé.

Mais pendant cette durée, que va devenir l'étude de nos casernes de gendarmerie ?

Votre commission est donc obligée de confesser qu'elle est à bout de ressources et qu'il lui est impossible, en un pareil état de choses, d'accepter la responsabilité morale de la délégation que vous lui avez confiée.

N'est-il pas vrai que la politique gâte tout, tout, alors même qu'elle pénètre dans l'architecture départementale et dans nos casernes de gendarmerie ?

Vous aurez, Messieurs, à aviser en face d'un mal pareil et, dans votre sagesse, à en rechercher le remède.

SÉANCE DU CONSEIL GÉNÉRAL DU 5 AVRIL 1883.

EXTRAIT.

Reprise de la séance à 5 heures 10.

M. le Président : La séance est rouverte. Il s'agit de la discussion du rapport de la Commission départementale que vous avez ajournée à aujourd'hui.

M. Chastenet : La commission a fait son rapport.

M. le Président : Alors la parole est à M. le Préfet.

M. le Préfet :

« Messieurs,

» Je serai très bref dans les explications que j'ai à fournir au Conseil général en réponse au rapport qui lui a été présenté par la Commission départementale, d'autant plus bref qu'il me suffirait presque de lui donner lecture de mon rapport imprimé pour combattre les divers arguments mis en avant par le rapporteur. C'est à ce point que je me demande si ce dernier a bien nettement et complètement lu ce rapport.

» Je prie le Conseil de vouloir bien me permettre de lui en donner lecture :

» Dans sa séance du 12 octobre dernier, la Commission départementale avait fixé au 12 novembre l'adjudication des travaux de quatre casernes de gendarmerie, parmi lesquelles se trouvait celle de Belvès. Dans sa séance du 9 novembre, à la suite d'une réclamation contre le choix de l'emplacement, reçue par l'un de ses membres, réclamation que la Commission a refusé de remettre au Préfet, pour la faire instruire, elle a décidé que l'adjudication de la caserne de Belvès serait ajournée. Mais la délibération prise à ce sujet n'a été notifiée au Préfet que le 29 janvier 1883, de telle sorte que l'administration a pu et a dû penser, le 16 novembre, que cette délibération avait été rapportée ; elle a fait, en conséquence, adjuger les travaux pour les quatre casernes. Il y avait, d'ailleurs, des inconvénients d'une certaine gravité à ajourner une adjudication annoncée depuis un mois, à laquelle les entrepreneurs avaient été invités à concourir et qu'on ne pouvait plus contremander régulièrement par suite du court délai qui restait à courir. Enfin, l'adjudication ne pouvait compromettre d'aucune façon les intérêts du département ; elle les sauvegardait, au contraire, puisqu'elle permettait de commencer les travaux aussitôt que les difficultés seraient aplanies, l'entrepreneur devant bâtir sur l'emplacement qui lui serait désigné, quel qu'il fût et à quelque moment qu'un ordre de service, dans ce sens, lui eût été notifié.

» D'un autre côté, le bail de la caserne de Belvès est expiré depuis le 31 décembre 1881. Le département ne reste locataire de l'immeuble qu'en vertu d'une tolérance du propriétaire ; en outre, le local est en mauvais état, et l'on ne saurait exiger aucune réparation. Il y avait donc un grand intérêt à éviter les retards d'une nouvelle adjudication, alors, surtout, que les droits du Conseil général restaient intacts.

» Si la décision de la Commission départementale ajournant l'adjudication avait été notifiée par écrit, comme elle devait l'être, avant la date fixée pour cette adjudication.

. . . .

. . . .

» Tels sont, Messieurs, les incidents qui se sont produits au sujet de la Caserne de Belvès, et qui ont fait ajourner la construction de cette Caserne.

» Pour répondre aux préoccupations qui se sont manifestées au sein de la Commission départementale, je dois expliquer par suite de quelles circonstances l'administration avait été amenée à proposer au Conseil général le choix du terrain de M. Boucherie.

» Ainsi que le constate M. l'architecte du département, dans un rapport qui vous est communiqué, le choix d'un emplacement pour la construction d'une Caserne de gendarmerie à Belvès a été particulièrement laborieux.

» M. Bonis, propriétaire d'un terrain sur lequel M. l'architecte avait tout d'abord porté ses vues, a refusé de céder à l'amiable ; et toutes les instances de la municipalité et des agents de l'administration ont été impuissantes à vaincre sa résistance. M. le Sous-Préfet et M. le capitaine commandant de gendarmerie de l'arrondissement, se sont rendus à Belvès, sur la demande de M. le Maire. Accompagnés de ce magistrat, ils ont fait tous leurs efforts pour arriver à une entente avec M. Bonis. C'est en présence du refus persistant et obstiné de M. Bonis que M. Boucherie, maire de Belvès, a obtenu de son frère, à force d'instances, qu'il consentît à céder son terrain, dans l'intérêt de la commune, pour éviter de voir transporter la Caserne près de la Gare, à un kilomètre de la ville, ainsi que mon prédécesseur en avait manifesté l'intention.

» Lorsque l'acte de vente a été établi, j'ai fait procéder à l'enquête, en vue d'obtenir la déclaration d'utilité publique, pour pouvoir bénéficier des dispositions de la loi du 3 mars 1841.

» Au cours de cette enquête, une protestation a été formulée, elle était motivée sur le prix élevé du terrain et sur son éloignement du centre de la ville. La Commission d'enquête a déclaré qu'il n'y avait pas lieu d'en tenir compte. D'ailleurs, aucune offre d'un emplacement mieux situé et d'un prix inférieur n'a été faite à l'administration. Si une offre s'était produite à ce moment, M. Boucherie n'aurait certainement fait aucune difficulté pour consentir à annuler l'acte de vente passé entre lui et l'administration. Aujourd'hui, en présence des insinuations qui ont été formulées, je n'oserais lui proposer de résilier un marché qui n'a été réalisé qu'en exécution d'une délibération formelle prise par le Conseil général, L'Assemblée départementale, dans sa séance du 21 avril 1882, a, en effet, sur la proposition de l'honorable M. Archambeaud, autorisé l'administration à acquérir de M. Boucherie, une parcelle de terrain d'une contenance de dix ares pour le prix de 2,500 fr. On ne pourrait, d'ailleurs, songer à annuler ce marché, que si l'on trouvait un terrain plus avantageusement placé et plus économique.

» Je n'aurais, Messieurs, presque rien à dire après cette lecture, si le souci de la dignité de l'administration départementale ne m'obligeait à relever certaines expressions ou insinuations, que le Conseil général a certainement regretté de voir figurer dans le rapport de la Commission départementale.

» En parlant de l'acquisition d'un emplacement pour la Caserne de Belvès, le rapporteur dit :

« Et ne sommes-nous pas bien fondés à refuser notre » approbation à un achat qui peut être le résultat d'inves- » tigations insuffisantes ou erronées, ou de manœuvres » dolosives ? »

» A qui s'appliquent, Messieurs, ces mots de manœuvres dolosives ? M. le secrétaire de la Commission départementale, à qui j'ai manifesté la pénible surprise qu'ils m'ont causée, a bien voulu m'affirmer qu'ils ne visaient pas l'Administration départementale ; ils ne peuvent alors s'appliquer qu'à l'Administration municipale de Belvès ou à M. l'Architecte. Cette constatation rend encore plus impérieux le devoir que j'ai de protester contre cette insinuation. Je la repousse donc avec énergie et je crois qu'une pareille accusation ne devait pas se produire au sein d'une grande Assemblée délibérante comme le Conseil général de la Dordogne, sans être accompagnée de preuves suffisantes pour la justifier.

» Où sont ces preuves ? Sur quoi s'appuie la Commission départementale ? Sur une déposition faite dans son sein, par un membre du Conseil municipal de Belvès, M. Laporte, qui, après avoir affirmé que le terrain acquis par le Département appartenait au Maire de Belvès, a été obligé de reconnaître que cette affirmation était fausse, et a cherché à la justifier, en disant que M. Boucherie, Maire, serait l'héritier de son frère. . . . .
. . . .

» *M. le Préfet.*— J'ai interrompu M. Laporte pour dire :

» Vous avez commencé par déclarer que le terrain choisi était à M. Boucherie, Maire de Belvès, et vous déclarez maintenant qu'il est à son frère ; si le reste de vos allégations vaut celle-là, il me semble que la Commission départementale ne doit pas s'y arrêter. Voilà textuellement ce que j'ai dit.

» *M. Archambeaud.* — C'est vrai.

« *M. le Préfet.* — M. Archambeaud le reconnaît ; eh bien, Messieurs. . . . .

SÉANCE DU CONSEIL GÉNÉRAL DU 31 AOUT 1883.

M. Marmier, au nom de la Commission des finances, donne lecture du rapport suivant :

Messieurs,

« Dans notre séance du 6 août dernier, vous clôturiez la longue discussion soulevée sdr la question de la caserne de Belvès, par le vote des trois chefs de conclusions suivants :

» 1° Approbation de la décision prise par la Commission départementale au sujet de cette affaire. . . . . .
le rapport fait d'ailleurs pleine justice des attaques violentes, précédemment dirigées contre la municipalité de Belvès et l'Architecte départemental, et sur lesquelles, la lumière étant faite, nous n'avons plus à revenir. . . .
. . . . »

On pourrait ajouter la copie de la sommation faite à M. le préfet d'avoir à faire vider les lieux de la caserne de gendarmerie de Belvès ; la copie d'une déclaration de M. Lafon établissant qu'on lui a proposé de louer ses bâtiments à Siorac, pour une caserne de gendarmerie, moyennant un prix annuel de 1,600 francs ; la copie d'une déclaration de M. Lafon de Fongauffier dans le même sens, etc., etc.

Il semble que ces documents sont assez nombreux et assez authentiques, pour convaincre les plus incrédules que le maire de Belvès n'est pas la cause de la cessation du loyer de la caserne de gendarmerie au Département.

On peut ajouter que, depuis 1880 inclusivement, c'est-à-dire pendant 5 ans, en y comprenant la présente année, les casernes ont produit, sans frais de réparation, 1,600 francs par an, soit. . . . . 8,000 fr.

Et que les 15 à 20 années précédentes n'ont pas produit plus de bénéfice, ayant donné chacune environ 500 francs, déduction faite des frais de réparations.

Pour en finir avec cette importante question de la caserne, objet de tant d'attaques et de fausses appréciations, nous devons ajouter que, s'il est vrai que par la cessation du bail les revenus de la commune vont être diminués, cette diminution, du moins, ne se fera pas sans compensation, attendu que moyennant des frais d'appropriation supportés par l'Etat, les bâtiments seront affectés à deux écoles dont la construction et le local reviendraient au moins à quarante mille francs : une école de filles, qui fut votée à la même époque et au même titre que celle des garçons, et une école maternelle ; écoles dont l'utilité est incontestable et incontestée, même par les plus ardents détracteurs de M. le Maire.

Les Conseillers municipaux :

COMBES. — G. FOURTAUX. —
M. BIRABEN. — MAGIMEL. —
R. ROUGIER. — N. DÉJEAN.